AF382909

OPTIMISER L'ENVIRONNEMENT DE TRAVAIL

Améliorer le bien-être professionnel,
une des clés de la réussite

Par Caroline Carlicchi

50MINUTES.fr

OPTIMISER L'ENVIRONNEMENT DE TRAVAIL

Arnaud travaille au bureau d'étude d'une usine. Son bureau est isolé dans un recoin d'un hangar vieillissant. Son ordinateur plante régulièrement et sa lumière, trop faible pour lire les plans, l'oblige à de nombreux allers-retours dans le bureau des méthodes, qui est plus fonctionnel. Adèle travaille depuis 15 ans dans cette structure, en *open space*. Elle attend avec impatience de passer à l'échelon supérieur qui lui permettra d'obtenir un bureau dans lequel elle sera seule – un bureau enfin adapté à son activité nécessitant beaucoup de réflexion et de concentration. Éric, quant à lui, n'ose pas recevoir ses clients dans les locaux poussiéreux de son entreprise.

- **Problématique ?** Améliorer son environnement de travail pour plus d'efficacité.
- **Utilité ?** Augmenter sa productivité, son efficacité et son bien-être personnel et professionnel.

- **Contexte professionnel ?** Vie au bureau, *open space*, relation entre collègues, stress, efficacité et bien-être au travail.
- **FAQ ?**
  - Quelles sont les conséquences d'un environnement de travail positif ?
  - Quelles sont les clés du bien-être psychologique au bureau ?
  - Comment être en pleine forme au bureau ?
  - Comment réduire le stress en agissant sur l'environnement au bureau ?
  - Comment utiliser l'environnement professionnel pour renforcer l'estime de soi ?
  - Quel environnement pour favoriser la collaboration ?
  - Quel équilibre entre ma vie personnelle et professionnelle ?
  - Comment être plus efficace en agissant sur l'environnement du travail ?
  - Comment modifier l'environnement pour favoriser le changement ?

Dans de nombreuses organisations, l'environnement est avant tout une ligne budgétaire à réduire. Or, investir dans des environnements ultramodernes en annonçant clairement la volonté d'un meilleur bien-être des salariés, certaines multinationales l'ont fait : en 1998, Renault inaugure le « Technocentre », bâtiment ultramoderne de 410 000 m2 favorisant la collaboration inter-équipe. En 2007, Google, classée 4e société au monde où il est le plus agréable de travailler, offre à ses 11 000 salariés du siège de Mountain View (en Californie), le « Googleplex », un environnement de travail hors norme et peut-être même plus relaxant que les logements des employés : billard, jardins, vélos, fauteuils dédiés à la sieste en toute discrétion, large panel d'activités sportives, multiples restaurants et bien sûr bureaux agréables et modernes. Ces sièges représentent respectivement 5,5 milliards de francs (à l'époque) et plusieurs centaines de millions de dollars d'investissement pour Renault et Google. Mais pourquoi prendre une telle décision ?

Ces entreprises, comptant de plus en plus d'employés, ont compris qu'en construisant un bon environnement de travail, ils prouvaient indirectement à ceux-ci qu'ils participent au bon fonctionnement du groupe, tout en accroissant la productivité globale. Par la qualité de leurs infrastructures, le Technocentre ou le Googleplex signifient à leurs employés : « Ici, vous avez de l'importance ». Ces bâtiments ont d'ailleurs été conçus sur la base d'interviews réalisées auprès du personnel, afin de mieux répondre à leurs besoins. L'environnement répond alors au mieux aux besoins du poste de travail et garantit surtout la reconnaissance, principal ingrédient de la motivation.

En effet, la reconnaissance est un besoin psychologique fondamental pour chacun d'entre nous. Lorsque ce besoin de reconnaissance est nourri, nous sommes rassurés et plus disponibles pour penser, nous organiser et agir pour atteindre des objectifs. Au contraire, lorsque nous ne nous sentons pas reconnus, nous faisons l'expérience du stress, nous pouvons nous sentir menacés et nous trouver dans l'impasse, incapables de penser, de décider, de collaborer et d'avancer.

Si l'environnement de travail de l'organisation est inadapté, il reste un grand nombre d'initiatives possibles à notre niveau individuel. Dans ce livre, vous découvrirez comment mettre en place un environnement de travail plus agréable, réduisant votre stress, favorisant votre collaboration avec autrui et améliorant votre productivité.

B.A.-BA D'UN ENVIRONNEMENT DE TRAVAIL EFFICACE

QU'EST-CE QUE L'ENVIRONNEMENT DE TRAVAIL ?

L'environnement de travail influence très for-tement la façon dont nous nous sentons dans notre quotidien professionnel. Il est composé de tout ce qui contribue à notre implication, à notre motivation : les relations avec nos collègues, nos supérieurs hiérarchiques et les différentes équipes, l'organisation et sa culture, et bien sûr les bâtiments, les infrastructures et les services offerts aux collaborateurs.

L'environnement de travail peut être source de stress au même titre que le travail en lui-même. Cela peut prendre différentes formes : collègues trop bruyants, manque de lumière, poussière abondante, températures étouffantes en été ou polaires en hiver, toilettes sales, bureau en désordre, chef qui vous micro-manage, etc. Tout cela affecte votre performance et votre efficacité au travail. Or, un environnement de travail efficace contribue au bien-être des salariés, qui ont alors envie de venir travailler et restent enthousiastes et motivés tout au long de la journée. Il garantit la santé et l'efficacité des collaborateurs et ainsi la performance de l'organisation.

A contrario, une organisation qui néglige l'environnement qu'elle offre à ses collaborateurs prend de sérieux risques d'échec face aux défis contemporains. De plus, un environnement de travail négatif a des conséquences sur la carrière et la santé de ses collaborateurs. De multiples études le confirment : vivre au sein d'un environnement de travail négatif conduit notamment à l'insomnie, à l'anxiété et à la dépression.

Lorsque nous considérons notre environnement de travail, il est ainsi nécessaire de s'attarder sur plusieurs dimensions :

- les bâtiments, infrastructures et services offerts ;
- l'organisation ;
- nous-mêmes, avec nos besoins ;

- les autres, avec leurs propres besoins.

Les composantes de l'environnement au travail sont ainsi physiques, organisationnelles, psychologiques et sociales.

LA SANTÉ MENTALE AVANT TOUT !

> Jérôme est perpétuellement fatigué. Il constate que son temps de travail est uniquement consacré au traitement de ses dossiers et de ces emails qui se déversent sans fin dans sa boîte de messagerie. Il se rend compte qu'il ne parvient pas à prendre du recul pour réfléchir sereinement et efficacement sur ses projets, et fait de nombreux efforts pour rester concentré. Sa fatigue commence à poser problème au niveau physique, et il se sent moins disponible pour écouter ses interlocuteurs ; par ailleurs, il se met facilement en colère.

Si les impacts néfastes sur notre organisme d'une mauvaise alimentation ou d'une consommation de substances toxiques, tels que l'oméga 6, les sucres, l'alcool et le tabac, sont de plus en plus pointés du doigt dans de nombreux ouvrages, un élément fondamental est pourtant, aujourd'hui encore, délaissé : notre santé mentale. Trop souvent négligé, le bon fonctionnement de notre cerveau est pourtant à l'origine de notre bien-être.

Le neuropsychiatre Daniel Siegel (né en 1957), de l'université de médecine de UCLA (Los Angeles), et David Rock, fondateur du Neuroleadership Institute, ont identifié que nombreux sont ceux qui accablent leur cerveau, et puisent dans leurs ressources cérébrales en les pensant infinies :

- nous tentons ainsi la réalisation de plusieurs choses à la fois ;
- nous fragmentons notre attention ;
- nous nous surchargeons d'informations.

Sept activités quotidiennes permettent à notre cerveau de fonctionner de façon optimale : nécessaires pour notre santé mentale, elles permettent chaque jour au cerveau de se coordonner, d'intégrer l'information, de favoriser la création et de renforcer les connexions cérébrales. Un environnement de travail efficace se doit donc d'offrir des bâtiments, services et infrastructures permettant aux collaborateurs de pratiquer l'ensemble de ces activités pour parvenir à un équilibre de vie optimal.

Ces activités, qui s'organisent en différents temps, sont les suivantes :

- **le temps de concentration**. Nous nous concentrons sur des tâches visant à atteindre des objectifs. Nous faisons alors de profondes connexions dans le cerveau ;
- **le temps de jeu**. Nous nous autorisons à être spontanés et créatifs, nous favorisons la création de nouvelles connexions dans le cerveau ;
- **le temps de relation**. Nous nous connectons aux autres, idéalement en personne et pas au travers des outils du web, nous activons et renforçons les circuits relationnels du cerveau ;
- **le temps physique**. Nous nous bougeons, nous renforçons notre cerveau ;
- **le temps de réflexion sur nous-mêmes.** Nous réfléchissons tranquillement, nous nous concentrons sur les sensations, les images et les pensées, nous aidons notre cerveau à intégrer les informations ;
- **le temps de relaxation**. Nous n'avons pas d'objectif spécifique. Que nous laissions notre esprit vagabonder ou que nous nous relaxions tout simplement, nous aidons notre cerveau à récupérer ;
- **le temps de sommeil**. Nous dormons, consolidons les apprentissages et récupérons de la journée passée. Si le sommeil n'a pas lieu dans les infrastructures de l'entreprise, l'organisa-

tion doit néanmoins s'assurer que la charge de travail de ses collaborateurs leur permet de dormir en suffisance.

Petit plus

Il faut éviter de ne consacrer ses journées qu'à quelques-unes de ces activités. Certes, il n'y a pas de dosage miracle, et chacun est différent face aux proportions qui lui sont nécessaires, mais une chose est sure : pour un bon équilibre de vie, chaque activité doit être pratiquée dans notre quotidien professionnel.

LES BESOINS PSYCHOLOGIQUES FONDAMENTAUX

Il y a quelques mois, Irène a intégré un nouveau poste, pourtant elle ne s'y sent pas bien : elle déprime et n'a plus goût à rien. Elle décide alors de relever le challenge de la création d'une structure. Travaillant désormais seule sur ce projet, elle regrette le temps où elle échangeait sur un peu tout et rien, le moment d'un café avec ses collègues, par exemple.

Éric Berne (psychiatre américain, 1910-1970), fondateur de « l'analyse transactionnelle », théorie de la personnalité et la communication, a identifié trois soifs qui correspondent à des besoins psychologiques universels et fondamentaux. Ces besoins sont aussi importants pour notre survie que l'eau que nous buvons : nous allons donc naturellement chercher à les satisfaire. Ils sont à l'origine de nos comportements. Dès nos premiers jours apparaît la première soif : la soif de stimulation. Puis, au fur et à mesure de notre développement, la soif de stimulation donne naissance à une autre soif, celle de reconnaissance. Et enfin apparaît la soif de structure.

- **La soif de stimulation** correspond au besoin de se sentir stimulé socialement, en contact avec le reste du monde avec tous ses sens, ne plus être dans l'ennui, l'isolement, la dépression. De recevoir des explications, d'apprendre, de comprendre, de varier les tâches, etc.
- **La soif de reconnaissance** correspond au besoin d'interactions sociales, afin de se sentir reconnu par l'autre et par certains en particulier, de recevoir et d'accepter autant de signes de reconnaissance qu'il est nécessaire

à chacun pour se sentir bien, d'en donner, de refuser les signes de reconnaissance négatifs dont on aimerait se passer.

- **La soif de structure** correspond au besoin de se sentir encadré par des limites, des « contrats » (définition des objectifs, des plans d'action, des rôles et responsabilités, des attentes, des visions, des limites, etc.) et de structurer le temps de ses journées pour obtenir les signes de reconnaissance dont chacun a besoin.

Toutes les caractéristiques de l'environnement de travail efficace viennent nourrir ces soifs et accroissent indirectement notre motivation. Dans le cas contraire, elles renforcent la dépression, l'anxiété et la faible estime de soi.

UNE ATTENTION PARTICULIÈRE AUX ÉLÉMENTS VISUELS

Ce que nous percevons visuellement de notre environnement et qui nourrit les trois soifs doit faire l'objet d'un soin particulier, car les cellules du cortex visuel sont plus nombreuses, plus profondes et plus riches que celles du cortex auditif. C'est ce qui explique le pouvoir de la visualisation dans le domaine du sport et celui des éléments visuels dans la compréhension de nouveaux concepts. Or, l'environnement en entreprise favorise rarement l'adéquation de ses éléments visuels avec les besoins de ses collaborateurs. Cet écart est à l'origine du manque de motivation, de créativité et de stress.

DES RELATIONS PROFESSIONNELLES FAVORISANT LA CONFIANCE ET LA MOTIVATION

Isabelle se dit « hyper exigeante » vis-à-vis du travail de ses collaborateurs comme du sien. Son service produit un travail de grande qualité, mais de nombreux collaborateurs font part de leur souhait de mobilité au bout de quelques mois. Isabelle se rend compte qu'elle ne partage pas sa satisfaction quant au travail réalisé par ses collaborateurs. Elle réalise qu'elle ne leur donne pas de feedback qui leur permettrait de comprendre que leur contribution correspond à ce que l'organisation attend d'eux, mais aussi de nourrir leur motivation.

Dans nos interactions avec nos collègues, nous cherchons à étancher notre soif de reconnaissance. Nous allons alors interagir avec eux de sorte à collecter des « signes de reconnaissance », aussi nécessaires à la vie que l'air que nous respirons. Ils correspondent à toute action qui implique la reconnaissance de l'autre, de son existence. Verbaux ou non verbaux – un froncement de sourcils, un regard, une caresse –, ils sont échangés en permanence, dans tous les contextes, et peuvent porter sur :

- **la personne que je suis.** Par exemple, « J'aime travailler avec vous » ou « Je ne peux plus vous voir ! Sortez de ce bureau ! » ;
- **les actions que je fais.** Par exemple, « J'ai apprécié le travail que vous avez fourni sur ce dossier » ou « Vous avez raté cette intervention avec ce client. »

Ces signes peuvent être :

- **positifs** (compliment, éloge, félicitations ou évaluation positive, qui procurent du plaisir) ;
- ou **négatifs** (jugement ou critique négatifs qui, au contraire, nous blessent et nous dévalorisent).

Les signes de reconnaissance

	Conditionnel (lié au faire)	Inconditionnel (lié à l'être)
POSITIF	« J'ai apprécié le travail que vous avez fourni sur ce dossier. »	« J'aime travailler avec vous. »
NÉGATIF	« Vous avez raté cette intervention avec ce client. »	« Je ne peux plus vous voir. Sortez du bureau ! »

Le seul caractère négatif d'un signe de reconnaissance ne le rend pas « mauvais » en soi : un feedback négatif conditionnel (sur le comportement) sur le travail d'un collaborateur peut l'aider à comprendre ses torts et à prendre les dispositions nécessaires pour éviter de commettre la même erreur à l'avenir.

À éviter : les signes de reconnaissance incondi-tionnels négatifs (sur la personne) ne permettent pas le développement de l'autonomie de nos interlocuteurs et sont donc des voies sans issue.

Pour transmettre un signe de reconnaissance positif puissant :

- annoncez au collaborateur que vous allez lui donner un retour sur son action ;
- dites-lui ce qu'il a fait de bien en étant spéci-fique et ce, rapidement après l'action ;
- précisez à quel point son action a un impact positif sur l'organisation, sur vous ou sur ses collègues ;
- faites une pause pour laisser le temps au colla-borateur de recevoir votre signe de reconnais-sance positif et de ressentir tout le bénéfice de son action ;
- encouragez le collaborateur à poursuivre dans cette voie.

Pour transmettre un signe de reconnaissance négatif :

- annoncez au collaborateur que vous allez lui donner un retour sur son action ;

- dites-lui ce qu'il a fait de mal en étant spécifique et ce, rapidement après l'action ;
- précisez à quel point son action a un impact négatif sur l'organisation, sur vous ou sur ses collègues ;
- faites ceci le plus directement possible et avec assurance ;
- faites une pause pour laisser le temps au collaborateur de ressentir votre signe de reconnaissance négatif et la portée de son action ;
- précisez au collaborateur que vous êtes avec lui et valorisez son travail hormis dans cette situation particulière ;
- tournez la page.

Ces échanges sont soumis à des critères et à des règles « économiques » fondés sur une croyance de pénurie : nous avons été éduqués dans l'idée que le monde ne peut nous offrir autant de signes de reconnaissance positifs que ce dont nous avons besoin. Cette croyance a ainsi conduit à l'élaboration des règles « économiques » suivantes :

- ne pas demander les signes de reconnaissance que l'on souhaite ;

- ne pas donner les signes de reconnaissance que l'on souhaite donner ;
- ne pas accepter les signes de reconnaissance que l'on souhaite ;
- ne pas refuser les signes de reconnaissance dont on ne veut pas (signes de reconnaissance négatifs, de manipulation) ;
- ne pas se donner à soi-même de signes de reconnaissance (signes de reconnaissance positifs).

Ces règles économiques sont propres à chacun. Certaines personnes peuvent avoir du mal à accepter un compliment sur leur travail, d'autres peuvent se sentir mail à l'aise au moment de faire part d'un retour d'expérience, même s'il est positif, à un collaborateur, etc. Les signes de reconnaissance ne sont ainsi pas valorisés de la même façon par tous et dépendent de la situation (du moment, de la personne qui le donne, etc.).

CLIN D'ŒIL EMPLOYEUR

Il arrive qu'une personne n'accepte pas le feedback positif de son manager quant à la gestion d'un dossier, et lui répondra naturellement : « Ce n'est rien… » ou « C'est le minimum que l'on puisse faire… ». Il est important de l'encourager à recevoir le signe de reconnaissance. Elle peut par exemple l'accepter en formulant un simple « merci ».

Nous pouvons également remplacer tous ces critères « économiques » par les concessions suivantes qui conduisent au développement de notre autonomie :

- demander les signes de reconnaissance que l'on souhaite recevoir ;
- donner les signes de reconnaissance que l'on souhaite donner ;
- accepter les signes de reconnaissance que l'on souhaite recevoir ;
- refuser les signes de reconnaissance dont on ne veut pas ;
- se donner à soi-même des signes de reconnaissance positifs.

Attention, s'il est important de savoir s'accorder des signes de reconnaissance, cette source ne doit pas être la seule : pour notre bien-être, nous avons en effet besoin de recevoir des signes de reconnaissance d'autrui !

UNE ORGANISATION FAVORISANT LA CONFIANCE ET LE BIEN-ÊTRE

Jean-Christophe fait ses premiers pas dans une entreprise. Au bout de quelques mois, il effectue un premier bilan de sa situation. Lui qui dans ses postes précédents embrassait les projets de son entreprise, ne se sent pas motivé dans ce nouvel environnement. Il constate de nombreuses incohérences entre les valeurs affichées par l'entreprise et le comportement de sa direction ou ses objectifs de travail.

Une organisation favorisant la confiance et le bien-être de ses collaborateurs donne avant tout du sens aux actions qui sont confiées à ses employés. Nous avons tous besoin de sens, de savoir où nous allons, et pourquoi nous y allons. Pour qu'une organisation satisfasse ce besoin de sens, il faut qu'elle clarifie trois aspects essentiels : sa vision, sa mission et ses valeurs profondes.

Sa vision

La vision, c'est la trace que l'organisation souhaite laisser dans le monde et son histoire. Elle est l'image claire d'un succès futur, ambitieux, générant l'adhésion de ses collaborateurs. Elle répond à la question « Que souhaitez-vous créer dans le monde ? », « Quel est ce monde auquel vous voulez appartenir ? », et est à l'origine de la mission que se fixe l'organisation.

Sa mission

La mission fondamentale est la vocation première de l'organisation, sa raison d'être, sa clause existentielle. Elle définit son impact sur son environnement : ses clients, ses fournisseurs, ses concurrents, le cadre législatif, etc. La mission répond à la question « En quoi notre travail contribue-t-il à changer le monde, à réaliser notre vision ? ».

Ses valeurs profondes

Une organisation a une histoire, un créateur, une personnalité qui l'a marquée, une vision, une mission et des valeurs profondes en lien avec ces éléments. Les valeurs de l'organisation représentent le socle de la culture de celle-ci, ses racines, ce qui compte fondamentalement. Ce peut être, par exemple, l'éco-responsabilité, l'innovation, la confiance, l'intégrité ou encore la satisfaction du client.

Ces valeurs sont à l'origine de la stratégie de l'entreprise et, si elles sont authentiques, elles donnent du sens à l'action des collaborateurs. Donner du sens à sa vie professionnelle est aujourd'hui une demande non négociable de la plupart des gens actifs sur le marché du travail. Les valeurs de l'entreprise, lorsqu'elles sont partagées par les collaborateurs, assurent l'engagement, la productivité et la motivation de ceux-ci.

S'inscrivant dans la durée, les valeurs d'une entreprise fournissent des éléments d'aide à la décision lors des moments difficiles que traverse l'organisation. Elles répondent à la question « Qu'est-ce qui est vraiment important pour réaliser notre mission ? ».

Une organisation favorisant la confiance et le bien-être donne à ses collaborateurs une vision claire de sa philosophie, de sa mission et de ses valeurs. Cela répond au besoin de sens, de sécurité par rapport à l'avenir et de structure, et permet l'établissement d'une culture et d'un environnement de travail positif et efficace.

Ces ingrédients indispensables de la culture d'entreprise peuvent être directement transmis lors de séminaires, d'interventions des supérieurs hiérarchiques, via des affiches ou véhiculés, de manière indirecte, par certains comportements des cadres.

Une fois ce socle défini et partagé par tous les membres de l'organisation, des objectifs cohérents et porteurs de sens peuvent être établis au niveau de chaque activité. Plus ces éléments sont tangibles et plus les énergies convergent vers l'atteinte des objectifs, menant à bien la mission de l'organisation. Avoir des discussions ouvertes avec les collaborateurs garantit l'implication et le partage de points de vue sur la manière d'atteindre ces objectifs stratégiques.

Le partage de la mission de l'organisation auprès de l'ensemble de l'effectif renforce l'unité et la collaboration entre les employés, quelle que soit leur position.

TOP CONSEILS POUR UN ENVIRONNEMENT DE TRAVAIL EFFICACE

POUR RAPPEL

L'environnement de travail efficace assure essentiellement :

- le besoin de stimulation, de reconnaissance et de structure ;
- la variété des activités nécessaires au bon fonctionnement du cerveau ;
- le besoin de confiance et de motivation ;
- le besoin de sens.

Si vous êtes dirigeant d'une organisation ou d'une activité au sein de l'organisation, vous disposez des leviers suivants pour parvenir à installer un environnement de travail optimal pour votre équipe.

- **Pour répondre au besoin de stimulation** : variété des projets ; évolutions de fonction ; esthétique du bâtiment ; stimulation du goût dans les infrastructures de restauration ; etc.
- **Pour répondre au besoin de reconnaissance** : des bâtiments, des postes de travail et des infrastructures qui disent aux collaborateurs : « Vous êtes importants ici et nous faisons tout le nécessaire pour que vous puissiez y travailler de façon optimale » ; implication de ces derniers dans la politique déclinée au travers d'objectifs clairs et motivants ; communication régulière par la hiérarchie sur les résultats des actions des collaborateurs ; etc.
- **Pour répondre au besoin de structure** : formalisation des contrats ; organigrammes ; définitions des fonctions ; horaires ; lieu de travail ; etc.
- **Pour varier les activités nécessaires au bon fonctionnement du cerveau** : mise à disposition de salles où les collaborateurs peuvent au besoin travailler sans être dérangés ; création d'infrastructures sportives, de repos, de jeu ou favorisant la méditation ; proposition de menus équilibrés au restaurant de l'entreprise ; etc.

- **Pour répondre au besoin de confiance et de motivation** : création de relations hiérarchiques et, entre collègues, de confiance ; transmission de feedbacks positifs lors des avancées, mais également négatifs en cas d'échec, le tout afin de prendre la mesure du travail réalisé ; etc.
- **Pour répondre au besoin de sens** : rédaction et communication autour de la vision, de la mission et des valeurs de l'entreprise ; objectifs stratégiques et opérationnels cohérents ; etc.

À son niveau, le collaborateur peut, de son côté, (ré)agir pour mettre en place un environnement de travail efficace qui puisse satisfaire :

- **le besoin de stimulation** (ajout de lumière, plantes, photos personnelles, alternance régulière d'activités professionnelles, changements dans l'alimentation, etc.) ;
- **le besoin de reconnaissance générant confiance et de motivation** (demande de feedback par rapport aux actions menées, etc.) ;
- **le besoin de structure** (rédaction de sa propre définition de fonction si elle n'existe pas, clarification des procédures, rangement de son bureau, mise en œuvre d'un système de

classement efficace, définition de plans d'action, etc.) ;

- **la nécessité d'un bon fonctionnement du cerveau** (mise en œuvre quotidienne des différentes activités, qualité de son sommeil et de son alimentation, etc.) ;
- **le besoin de sens** (demande à son supérieur hiérarchique de clarifier la vision, la mission et les valeurs de l'entreprise au niveau de l'entité, etc.).

FAQ

QUELLES SONT LES CONSÉQUENCES D'UN ENVIRONNEMENT DE TRAVAIL POSITIF ?

Un bon environnement de travail est une des préoccupations majeures des organisations qui souhaitent se donner toutes les chances de relever les grands défis contemporains, car il permet :

- l'accroissement du bien-être et de l'estime de soi, la réduction du stress des collaborateurs et ainsi la réduction de l'absentéisme, des arrêts maladies et des dépenses de santé associées ;
- l'amélioration de la collaboration entre les collaborateurs et les différentes équipes, conduisant à une meilleure productivité et un service au client optimal ;
- un meilleur équilibre de vie des collaborateurs, contribuant à plus de créativité et d'efficacité ;
- une plus grande capacité d'adaptation au changement ;

- la lisibilité de la vision, de la mission et des valeurs de l'organisation.

QUELLES SONT LES CLÉS DU BIEN-ÊTRE PSYCHOLOGIQUE AU BUREAU ?

Voici quelques idées pour étancher ces soifs en apportant des améliorations à votre environnement. À vous de voir quelles sont celles que vous pourrez adopter :

- changer l'orientation et la disposition de son bureau pour varier régulièrement votre point de vue ;
- personnaliser son bureau, en y plaçant par exemple des photos, des posters, des pots à crayon, des plantes, etc. ;
- clarifier chaque matin les priorités du jour et réaliser en premier les actions qui demandent le plus de concentration ou de réflexion ;
- échanger avec ses collègues sur des sujets divers et variés, allant de la réussite d'un projet au dernier film vu.

COMMENT ÊTRE EN PLEINE FORME AU BUREAU ?

Côté alimentation

S'il est impossible d'avoir accès à un menu équilibré au sein de l'environnement professionnel, l'idéal est de se faire sa « lunch box » et de déjeuner avec des collègues.

Côté activités

Voici quelques idées pour compléter le temps de concentration :

- le temps de jeu (faire une petite danse pour célébrer les bonnes nouvelles, lancer quelques ballons à la pause, jouer aux devinettes) ;
- le temps de relation (profiter des pauses pour échanger avec des collègues) ;
- le temps physique (intercaler dans sa journée un moment pour une activité physique, idéalement « cardio » comme le footing, la gym cardio, la marche rapide) ;
- le temps de réflexion sur nous-mêmes (fermer les yeux pendant 10 minutes et laisser passer les pensées sans s'y accrocher) ;
- le temps de relaxation (se détendre sans autre but) ;
- le temps de sommeil (s'assurer un sommeil de qualité et en quantité suffisante pour se sentir bien).

COMMENT RÉDUIRE LE STRESS EN AGISSANT SUR L'ENVIRONNEMENT AU BUREAU ?

Pour combattre le stress et parvenir à dépasser cet état peu confortable, pensez à ce top 5 !

1. Structurer : organiser son bureau, son classement et son temps.
2. Respirer : trois respirations profondes à chaque fois que l'on s'assied à son bureau.
3. Écouter : développer plus rapidement et plus intensément les relations en écoutant vraiment les autres. Questionner ses interlocuteurs : poser des questions bien ciblées pour passer du mode « problème » au mode « solution ».
4. Donner du sens : considérer chaque activité comme unique et digne d'intérêt la rend plus agréable, ce qui facilite la réflexion.
5. Faire l'acquisition d'une plante ! Une étude de la New University of Technology de Sydney (UTS) qui s'attachait dans un premier temps à mesurer la réduction de la pollution grâce aux plantes, a également révélé une réduction

significative du niveau de stress lorsqu'une plante est installée au bureau.

COMMENT UTILISER L'ENVIRONNEMENT PROFESSIONNEL POUR RENFORCER L'ESTIME DE SOI ?

L'environnement nous bombarde de stimuli, mais également de signes de reconnaissance. Nous savons que nous n'en profitons pas pleinement, bien que le changement soit possible.

Voici un exercice pour découvrir votre relation aux signes de reconnaissance. Tracez votre profil des signes de reconnaissance sur une feuille blanche. Dans votre vie aujourd'hui, déterminez à quel niveau de 1 à 100 vous vous situez sur chacun des comportements par rapport aux signes de reconnaissance, positifs comme négatifs :

- Accepter
- Demander
- Refuser
- Donner
- Se donner

Dessinez votre histogramme avec des colonnes allant vers le haut pour les signes de reconnaissance positifs et vers le bas pour les négatifs.

Exemple d'échange de signes de reconnaissance

Lorsque vous observez votre diagramme, quels changements pourriez-vous y apporter de sorte à accroître votre bien-être ? Vous pouvez noter et planifier chacune de ces actions.

PETIT PLUS

Afin d'approfondir vos connaissances dans ce domaine, efforcez-vous de noter tous les jours les signes de reconnaissance positifs qui vous ont été adressés. Vous pourrez les parcourir à nouveau dans le futur aux moments où vous en aurez le plus besoin !

QUEL ENVIRONNEMENT POUR FAVORISER LA COLLABORATION ?

Pour créer un environnement de confiance, nous disposons de leviers personnels liés à notre façon d'être et à notre savoir-faire.

- Façon d'être : notre façon d'être inspirant la confiance démontre nos valeurs, notre éthique personnelle, la cohérence entre celles-ci et nos actes, l'humilité et le courage, mais aussi la sincérité et le désir de bénéfices communs.

- Savoir-faire : il démontre notre capacité, notre style, nos attitudes et les résultats que nous obtenons.

Animaux sociaux par excellence, nous cherchons naturellement le support de nos pairs et l'appartenance à un groupe. Développer la collaboration entre nous passe avant tout par :

- la définition et la communication autour d'objectifs communs clairs, réalistes et mesurables ;
- la décomposition de ces objectifs en plan d'action ;
- la répartition des actions en prenant en compte les capacités et atouts de chacun ;
- la mise en place d'activités renforçant les liens.

QUEL ÉQUILIBRE ENTRE MA VIE PERSONNELLE ET PROFESSIONNELLE ?

L'équilibre entre la vie personnelle et professionnelle est fondamental pour assurer la motivation et de la qualité du travail dans la durée. Mais l'équilibre, résultat d'un savant dosage et d'une attention constante, est précaire.

La roue de la vie

Cet exercice vous permet d'évaluer dans quelle zone de vie vous vous situez et quels sont les objectifs réalistes à fixer. Évaluez spontanément votre situation actuelle sur une échelle de satisfaction allant de 1 à 10 et notez, en formant un cercle, toutes les composantes majeures de votre vie qui vous viennent à l'esprit.

Exemple de roue de vie d'une jeune mère de deux enfants

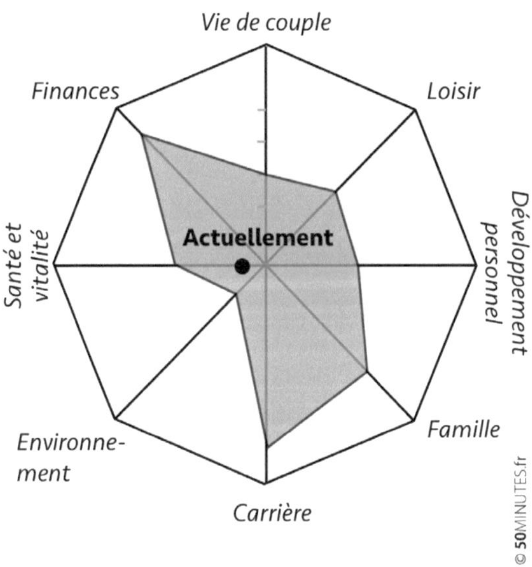

Dans l'exemple de roue de la vie ci-dessus, la personne identifie que côté « loisirs », elle n'est pas satisfaite. En faisant ce constat, elle s'aperçoit qu'elle pourrait reprendre la peinture qu'elle a délaissée suite à la naissance de ses enfants.

La clé du bien-être réside dans le réalisme des objectifs que l'on se fixe sur la base de ce constat. Apprenez dès lors à considérer le temps dont vous disposez au quotidien avec réalisme.

Une fois vos objectifs formulés, vous pourrez agir sur l'environnement, et redéfinir vos horizons grâce aux nombreuses options qui existent pour favoriser l'équilibre de vie : flexibilité des horaires, mi-temps, télétravail, etc.

COMMENT ÊTRE PLUS EFFICACE EN AGISSANT SUR L'ENVIRONNEMENT AU TRAVAIL ?

Notre organisation conditionne notre productivité. Si notre bureau est un champ de bataille, notre système de classement inopérant et notre planning rempli de tâches non prioritaires, nous risquons un plus haut niveau de stress, et donc l'inefficacité.

Pour dépasser cet état d'impuissance, nous pouvons nous appuyer sur les principes du modèle français ORDRE, provenant des 5 S japonais :

- Ordonner ;
- Ranger ;
- Dépoussiérer ;
- Rendre évident ;
- Être rigoureux.

La façon dont nous réfléchissons aussi s'organise : si le bureau est bruyant et que des collègues viennent nous distraire, recherchons un espace de tranquillité, déconnectons téléphones, emails et réseaux sociaux pour favoriser une pensée efficace et créative.

La désorganisation ronge notre énergie et notre capacité de réflexion, nous fermant ainsi les portes de l'efficacité, mais aussi du bien-être, de la collaboration avec autrui et de la créativité.

COMMENT MODIFIER L'ENVIRONNEMENT POUR FAVORISER LE CHANGEMENT ?

À chaque instant de notre quotidien professionnel, nous faisons l'expérience du changement, de la prise de décisions. Prendre une décision, c'est choisir entre différentes options possibles, pour atteindre un objectif et réaliser un changement.

Un environnement qui permet de prendre les bonnes décisions, et donc de favoriser le changement, offre la possibilité au collaborateur de se déconnecter pour retrouver sa capacité personnelle de réflexion. Voici comment favoriser le changement par la prise de décision efficace :

- se placer dans un endroit calme, se déconnecter de l'ordinateur et du téléphone ;
- se concentrer sur la question qui nous occupe ;
- se stimuler en pensant au futur, une fois le changement réalisé ;
- se fixer un temps limite, en considérant sans appréhension le challenge représenté par cette décision ;
- utiliser, à l'écrit, un outil simple d'aide à la décision. Par exemple, tracer deux colonnes « Avantages » et « Inconvénients » pour y annoter de façon structurée ses idées.

La flexibilité favorise aussi le changement. Le secret de la flexibilité est qu'elle permet de recadrer de façon positive la vision que l'on a des événements. Par exemple, si vous vous sentez anxieux face à un événement imprévu, changez votre vision de celui-ci de sorte à le rendre normal.

CLIN D'ŒIL EMPLOYEUR

En mettant en place une organisation orientée « développement » et « formation des collaborateurs », l'organisation a plus de chances de remporter les défis futurs.

À VOUS DE JOUER !

- Faites le point sur où vous en êtes et où vous souhaitez aller avec la roue de la vie.
- Augmentez votre bien-être psychologique au bureau :
  - en apportant votre touche personnelle : photos, tableaux, livres, lampe, stylos... tous les éléments de décoration que vous aimez et qui vous permettent d'être plus motivé et de réduire votre stress au travail ;
  - en modifiant la disposition de votre bureau régulièrement pour changer de point de vue et vous stimuler : si vous le pouvez, placez votre bureau de sorte à accueillir chaque visiteur et à ne pas être gêné par le bruit, la lumière, l'obscurité ;
  - en clarifiant votre fonction et vos procédures de travail ;
  - en étant attentif à vos signes de reconnaissance.
- Pratiquez chaque jour les activités nécessaires à votre cerveau.
- Approfondissez la réduction du stress :

- en respirant profondément chaque fois que vous prenez place à votre bureau ;
  - en écoutant et en questionnant vos interlocuteurs pour développer une vision réaliste et positive des événements ;
  - en vous assurant du rangement et de la propreté de votre bureau : l'ordre dans votre bureau vous rend plus efficace et moins stressé (plus besoin de chercher des heures vos post-it ou un dossier urgent), et favorise la concentration. Il influe aussi sur l'image de vous qu'ont les autres ;
  - en prenant soin d'une plante à votre bureau : une plante permet non seulement d'apporter une touche de beauté dans votre environnement, mais aussi de réduire le stress, d'accroître la productivité, de réduire le niveau sonore, d'assainir l'air ambiant et de réduire l'absentéisme.
- Profitez des signes de reconnaissance que vous recevez et renforcez vos relations avec les autres en en donnant.
- Développez une façon d'être et un savoir-faire qui favorisent la collaboration autour d'objectifs communs et de plans d'action partagés.
- Soyez efficace en adoptant le système de

rangement le plus performant pour vous et en fixant votre concentration.

- Prenez les bonnes décisions et cultivez la flexibilité. Formez-vous !
- Défendez les valeurs de l'entreprise que vous partagez en mettant en œuvre de petites actions quotidiennes qui les renforcent.
- Agissez sur votre environnement dans la mesure de vos possibilités, afin qu'il corresponde au sens que vous souhaitez donner à votre vie professionnelle.

Votre avis nous intéresse !
Laissez un commentaire sur le site de votre
librairie en ligne et partagez vos coups de cœur sur
les réseaux sociaux !

POUR ALLER PLUS LOIN

SOURCES BIBLIOGRAPHIQUES

- BERNE (Éric), *Des jeux et des hommes*, Paris, Stock, 1984.

- BERNE (Éric), *Structure et dynamique des organisations et des groupes*, Paris, Éditions d'Analyse Transactionnelle, 2005.

- BLANCHARD (Kenneth) et JONHSON (Spencer), *Le Manager Minute*, Paris, Éditions d'Organisation, 1987.

- CARLICCHI (Caroline), « Comment trouver des solutions à mon problème », in *Coaching-go*, janvier 2014.
  http://blog-fr.coaching-go.com/2014/01/comment-trouver-solution-probleme/

- CARLICCHI (Caroline), « Le pouvoir des signes de reconnaissance », in *Coaching-go*, janvier 2013.
  http://blog-fr.coaching-go.com/2013/01/le-pouvoir-des-signes-de-reconnaissance/

- CARLICCHI (Caroline), « Pourquoi j'ai arrêté de donner des conseils », in *Coaching-go*, septembre 2013.
  http://blog-fr.coaching-go.com/2013/09/pourquoi-jai-arrete-de-donner-des-conseils/

- COVEY (Stephen M.R.), *Le pouvoir de la confiance. Le facteur qui change tout*, Paris, Éditions First, 2008.

- ROCK (David), *Votre cerveau au bureau. Le mode d'emploi efficace*, Paris, InterEditions, 2013.

SOURCES COMPLÉMENTAIRES

- BURCHETT (Margaret) *et al.*, *Greening the Great Indoors for Human Health and Wellbeing*, Sydney, University of Technology Sydney (UTS), 2010.

- ROCK (David), *The Healthy Mind Platter*, consulté le 6/11/2014.
  http://www.davidrock.net/
  files/02_The_Healthy_Mind_Platter_US.pdf

L'éditeur veille à la fiabilité des informations publiées, lesquelles ne pourraient toutefois engager sa responsabilité.

© 50MINUTES, 2015. Tous droits réservés. Pas de reproduction sans autorisation préalable. 50MINUTES est une marque déposée.

www.50minutes.fr

ISBN ebook : 978-2-8062-6235-6
ISBN papier : 978-2-8062-6236-3
Dépôt légal : D/2014/12603/414
Photo de couverture : © Coloures-Pic

Conception numérique : Primento,
le partenaire numérique des éditeurs